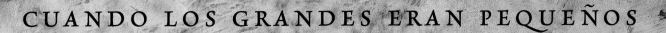

CUANDO LOS GRANDES ERAN PEQUEÑOS

José

GEORGINA LÁZARO   Ilustrado por MARÍA SÁNCHEZ

LECTORUM
PUBLICATIONS INC
a subsidiary of Scholastic Inc.

Cultivo una rosa blanca,
en junio como en enero,
para el amigo sincero
que me da su mano franca.
—JOSÉ MARTÍ

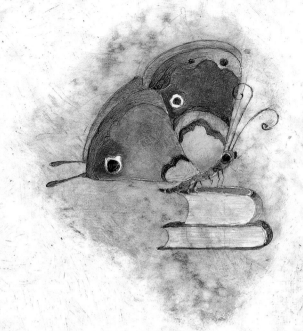

A TERESA.
—G. L. L.

A MAR Y A BRIAN, LOS NIÑOS.
— M. S.

JOSÉ
Text copyright © 2007 Georgina Lázaro
Illustrations copyright © 2007 María Sánchez

Library of Congress Cataloging-in-Publication Data is available.

ISBN-13: 978-1-933032-08-5
ISBN-10: 1-933032-08-1
10 9 8 7 6 5 4 3 2 1
Printed in Singapore

Desde Valencia y Canarias
dos españoles valientes
se alejaron de su patria
hacia un nuevo continente.

Después de un viaje muy duro
vieron tierra americana.
Buscando un mejor futuro
llegaron hasta La Habana.

En Cuba se conocieron
y luego se enamoraron.
Un hogar establecieron
juntos Leonor y Mariano.

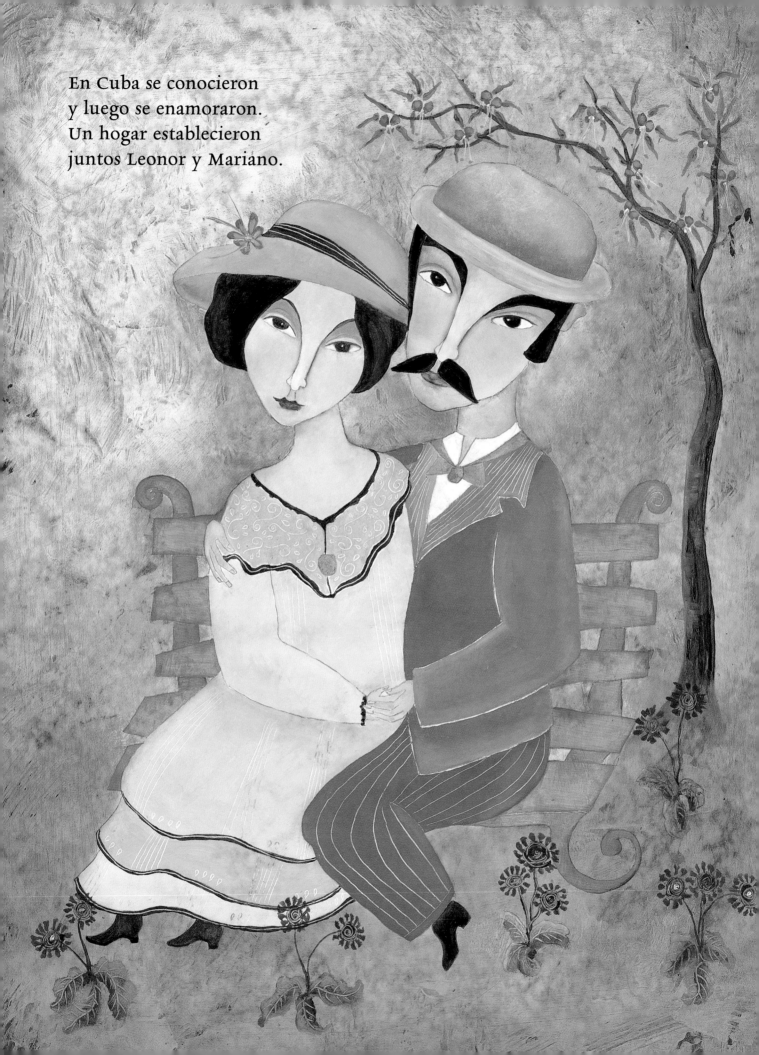

En una casa modesta,
un día de gran regocijo,
el sol se alumbró de fiesta;
nació José, el primer hijo.

Poco a poco la familia
fue aumentando de tamaño
y nacieron siete niñas
con el paso de los años.

Pepe, como le llamaban,
era la luz de sus ojos.
Lo adoraban, lo mimaban,
complacían sus antojos.

Su padre, rígido, austero,
lo educó con gran empeño;
que la moral es primero
le enseñó desde pequeño.

El valor de la lealtad,
la justicia, la honradez,
y el de la sinceridad
supo desde su niñez.

Como eran pobres y muchos,
desde muy temprana edad,
José, pequeño y flacucho,
tuvo que ir a trabajar.

Y aunque pensaba su padre
que estudiar no era importante,
alentado por su madre
el carbón se hizo diamante.

Fue a la escuela y para él
aprender era alegría.
Le entusiasmaba leer.
Lo conquistó la poesía.

Pensaba que el libro es
el mejor de los amigos,
dos alas, brazos y pies,
una verdad, un abrigo.

Junto a la puerta del patio
se sentaba cada día,
consultaba el diccionario
y en su pizarra escribía.

Iluminaba su cara
la luz de la celosía.
Su letra era bella y clara,
perfecta su ortografía.

A su madre dedicó
sus poemas infantiles.
Su cariño le expresó
con palabras muy gentiles.

Su papá no comprendía
que leyera a toda hora,
su afición a la poesía,
su mirada soñadora.

El teatro le encantaba.
Como no tenía dinero,
de las obras disfrutaba
con permiso del portero.

Entraba con el barbero
y oculto tras el telón
o arriba en el gallinero
gozaba de la función.

Era un niño inteligente,
despierto y observador.
Marcaba un sueño su frente
y un pensamiento su voz.

Un día para don Mariano
surgió una oportunidad:
Le ofrecieron un trabajo
lejos de la capital.

El niño con don Mariano
al campo se fue a vivir
y allí el paisaje cubano
pronto empezó a descubrir.

Las verdes sierras, las lomas,
el álamo y el bambú,
y el vuelo de las palomas
en el claro cielo azul.

Yerbas, helechos y palmas
mariposas, aves, flores,
fueron llenando su alma
de palabras y colores.

Tenía un caballo hermoso
que atendía con esmero.
Con sus cuidos cariñosos
lo hizo su compañero.

Montándolo le enseñaba
a tener un lindo paso.
Lo bañaba, lo peinaba,
soñando que era Pegaso.

Tambíen tenía un gallo fino
de larga cola encarnada,
claro canto matutino
y una cresta colorada.

Era un gallo muy valioso,
nacido para pelear,
pero José, tan juicioso,
prefería oírlo cantar.

Vivió muchas aventuras
y también muchos pesares,
porque la luz se hizo oscura
alejado de su madre.

Añoraba su ternura,
sus caricias, sus abrazos,
su risa melosa y pura,
su mirada, su regazo.

Doña Leonor le escribía
cartas dulces y frecuentes
que hacían gratos sus días,
que eran un beso en su frente.

Allí, en el sur de Matanzas,
conoció a los campesinos
y vio la desesperanza
del esclavo y su destino.

"La injusticia contra un hombre",
pensaba el niño sensible,
"ofende a todos los hombres".
Fue su verdad infalible.

Luego en la escuela encontró
un maestro excepcional,
que lo inspiró y le enseñó
a perseguir su ideal.

Mendive era un patriota
y delicado poeta;
manantial que gota a gota
lo ayudó a alcanzar sus metas.

En él vio José un ejemplo,
un modelo a imitar.
El aula se hizo su templo,
su verdad quiso abrazar.

La revolución francesa
estimuló un ideal.
Era como una promesa
hacia el progreso social.

El deseo de independencia,
las ansias de libertad,
fueron entonces la esencia
de su vida y su verdad.

Era tímido y callado.
No tenía muchos amigos.
Pasaba horas refugiado
detrás de uno u otro libro.

Se entretenía traduciendo
del inglés al español,
imitando a su maestro
que tanto le enseñó.

Sólo quince años tenía
cuando comenzó la guerra.
Los cubanos perseguían
la libertad de su tierra.

Siendo un niño, hombre se hacía
y, aunque no podía pelear,
con la pluma defendía
su causa, su ideal.

Dieciséis años tenía:
publicó el primer poema;
un canto, una profecía.
El amor patrio era el tema.

Por querer la libertad,
por su ideal, su pasión,
fue condenado a pasar
seis años en la prisión.

Allí pusieron a prueba
sus principios, su valor,
y en esa dura tarea
José salió vencedor.

La vida de presidiario
le causó heridas y penas:
hambre y castigos a diario
siempre atado a unas cadenas.

Pero luego de seis meses
de trabajos y crueldad
el número ciento trece
recobró la libertad.

Lo mandaron al exilio.
En Madrid siguió estudiando.
Cambió sólo el domicilio;
José continuó luchando.

Con sus esfuerzos logró
el título de abogado,
y escribiendo defendió
sus sueños más anhelados.

Quería una América libre;
Cuba para los cubanos.
Que la unión fuera posible
en nuestros pueblos hermanos.

Una vida más dichosa
quería para los niños.
Les escribió en verso y prosa
con gran ternura y cariño.

Una América mejor
siempre quiso para ti.
Fue un patriota, un escritor.
Se llamó José Martí.

¿TE GUSTARÍA SABER MÁS?

José Julián Martí Pérez nació en la antigua calle de Paula, en La Habana, Cuba, el 28 de enero de 1853. Sus padres, don Mariano Martí Navarro, de Valencia, y doña Leonor Pérez Cabrera, de Tenerife, Islas Canarias, habían viajado a Cuba buscando una vida mejor.

Cuando José tenía nueve años, surgió una oportunidad de trabajo para don Mariano en Hanábana y su hijo viajó con él hasta el sur de la provincia de Matanzas, donde permaneció por varios meses. Allí el niño observador, inteligente y sensible, se enamoró de las bellezas del campo cubano y, al entrar en contacto con los campesinos y conocer la vida de los esclavos negros en las plantaciones, nació en su corazón el deseo de una vida más justa para todos.

Hizo sus estudios primarios en el Colegio San Anacleto, gracias al estímulo de su madre y a su padrino, quien lo ayudó económicamente para que pudiera ir a la escuela. A los trece años ingresó en el Colegio San Pablo, donde conoció a Rafael María de Mendive, director de la escuela, quien fue su maestro. Mendive, poeta y periodista, que dedicó su vida a hacer un mundo mejor, fue su inspiración y casi un padre para José.

La familia creció y las condiciones económicas no mejoraron. José Julián, único hijo varón, se vio obligado a trabajar de seis de la mañana a ocho de la noche, siendo todavía un niño, para ayudar al sostenimiento del hogar. Además de dedicarse con afán a sus estudios, fue dependiente de una bodega y ayudante de tenedor de libros.

En 1868, estalló en Cuba una guerra en contra de España. José, que sólo tenía quince años y era muy joven para pelear por la libertad, escribió una poesía a favor de la revolución. Por sus ideales de libertad e independencia fue arrestado y sentenciado a seis años de trabajos forzados picando piedra en una cantera.

Luego de seis meses trabajando bajo un ardiente sol, casi ciego y con una úlcera en uno de los tobillos causada por el grillete que lo mantenía encadenado, lo trasladaron a Isla de Pinos y más tarde lo exiliaron a España. Allí fue a la universidad y obtuvo el diploma de bachillerato, y luego el título de Licenciado en Derecho Civil y Canónico y el de Licenciado en Filosofía y Letras.

Durante toda su vida continuó escribiendo y luchando por la libertad de su patria. Viajó a Francia, Inglaterra, México, Guatemala y Honduras. Fue profesor en Caracas, Venezuela, y luego actuó como cónsul de Argentina y Paraguay en Nueva York.

En 1882 publicó, bajo el título de *Ismaelillo*, una colección de poemas muy hermosos dedicados a su hijo. En 1889 editó en forma de periódico una publicación mensual dedicada a los niños y niñas de América Latina, escrita con un lenguaje poético, musical y sencillo, para llegar al sentimiento infantil por la emoción y la imaginación y tratando a los niños como al niño que él fue. En esta publicación incluyó, entre otros, dos bellos poemas: *Los zapaticos de rosa* y *Los dos príncipes*.

En 1891 publicó *Versos sencillos*, una colección de 46 poemas escritos en estrofas de cuatro versos de ocho sílabas, que riman unos con otros de forma alterna, como los versos que componen este libro.

El 19 de mayo de 1895, el héroe nacional de Cuba murió en combate en Dos Ríos, a los 42 años, luchando por la libertad de su patria. Sus restos mortales se encuentran en el cementerio de Santa Ifigenia en Santiago de Cuba.